しゃべらなくても楽しい！

シニアの
超盛り上がる
レク体操50

斎藤道雄 著

黎明書房

はじめに

しゃべらないでホントにレクができるんですか？

この本は，
① デイサービスや老人介護施設などの現場で，
② 新型コロナによる外出自粛や，三密（密閉，密集，密接）を避ける必要から，
③ 運動不足に陥りやすいシニアと，その支援者が，
④ より安全に，より安心して，より楽しく，健康づくりを目指す本です。
⑤ もちろん，シニアおひとりさまの健康づくりにもおススメです。

『しゃべらなくても楽しい！ シニアの超盛り上がるレク体操50』
これが，この本のタイトルです。

言葉での説明をやめて，身振り手振りの動作だけで説明する。
見て，感じて，楽しむという，これまでになかった画期的な本です。

「ホントにしゃべらないでレクができるんですか？」

はい。できます！ というよりも，もうすでにできています！
たとえば，36ページの「たたいたりこすったり」という体操。

① 片手はグー，反対の手をパーにします。
② グーで，ももをトントンたたきます。
③ パーで，ももをスリスリこすります。
④ （②と③を）両手同時に，どうぞっ！

できましたか？
さて，ここで何かに気づきませんか？

そうです！
しゃべらないで（動作）したんです！ （音読をされた人は除きます）
じつは，このように，**しゃべらないでもできるレクはたくさんあるんです！**

「でも，それを誰かに説明するときはどうするんですか？」
心配ご無用。そのまんますればオッケーです。

今度は先ほどの①〜④を，誰かに説明するつもりでやってみてください。
ただし，しゃべらないで，身振り，手振りだけで。

一つひとつの動作を，相手にしっかりと見せながらするのがコツです。
そうすれば，マネしてもらえます。
実際に，ボクのやりかたを見た現場スタッフの人はこう言います。
「先生が何も言わなくても，ちゃんとわかるんですね！（驚）」

「もしそれでも，マネしてもらえなかったら？」
だいじょうぶです！　そのときは，こう言ってください。
「いっしょにマネしてください」
そのあとは，すべてマネしてもらえるようになります。

「ほかにも，しゃべらないことの効用はありますか？」

たくさんありすぎます。**ひとつだけあげるとすれば，わかりやすさです。**
　見るだけでわかるようになるので，耳の遠い人や，耳の不自由な人にも，
楽しんでもらえます。

具体的にはどうするか？
　ボクが，実際の現場で実践しているテクニックは，コラム「しゃべらなく
てもシニアが注目するボクのテクニック①，②」を読めばわかります！

前置きは，このへんにして。「今よりもっとレクを楽しくしたい」
そう思うなら，しゃべらないで，どうぞ！

この本の 10 の特長

1 **介護現場のレクリエーション活動に**
   デイサービスや高齢者施設での，レクや体操の時間におススメです！

2 **シニアの健康づくりに**
   もちろん，シニアおひとりさまでの健康づくりにもおススメです！

3 **ルール無用**
   なんとルールがありません。なので誰にでもかんたんにできます。

4 **説明なし**
   一切声を出しません。言葉でなく，身振り手振りだけで説明します。

5 **安全です**
   イスに腰掛けたままでできます。立ったり，歩いたりしません。

6 **準備なし**
   道具，準備一切不要です。レクの負担が軽くなります。

7 **説明文が簡潔**
   とてもわかりやすくて，読みやすい本です。

8 **スキルアップ**
   支援者の方の，レクリエーションスキルがぐんぐんアップします。

9 **楽しい**
   楽しさを最も重視します。シニアは，楽しくなければ動きません。

10 **現役インストラクターの本**
   実際に現場で活躍するプロインストラクター「みちお先生」が
   書いた本です。

この本の使い方

① まずは，おススメの体操をしましょう！

↓

② この本の中から，お気に入りの体操を選びましょう！

↓

③ おススメの体操と，お気に入りの体操を自由に入れ替え
ましょう！

朝の おススメ体操	❻ モリモリポーズ　→14ページ	モリ　　モリ
昼の おススメ体操	❺ 最高の手拍子　→13ページ	
夜の おススメ体操	❼ 超大あくび　→15ページ	

も く じ

はじめに　－しゃべらないでホントにレクができるんですか？－　2

この本の 10 の特長　4

この本の使い方　5

Ⅰ　元気が出る

1　1・2・3・パン!!　9

2　いーち・にーい・さーん・ヤー！　10

3　イエーイ！ のポーズ　11

4　拍手で開脚　12

5　最高の手拍子　13

6　モリモリポーズ！　14

7　超大あくび　15

Ⅱ　雰囲気づくり

8　たたいちゃダメよ〜　16

9　パン・ポン・タッチ！　17

10　びっくり顔でグーパー　18

11　変顔で肩体操　19

12　グーパーで花束贈呈　20

13　握手でエアハイタッチ！　21

14　百面相ゲーム　22

15　ひらくはずがひらきません　23

16 バンザイ二唱?! 24

17 闘牛でゴー！ 25

18 グーチョキパーのはずがグーチョキグー 26

19 エイ・エイ・エイ・オー!? 27

20 ものマネ四股ふみ 28

21 いきなりかかしになっちゃうグーパー 29

Ⅲ 脳トレ

22 グーとチョキの瞬間移動 30

23 薬指から１・２・３ 31

24 笑顔の人差し指ストレッチ 32

25 逆指折り 33

26 うさぎの耳ときつねの耳 34

27 グーグーパーパー・グーパーパー 35

28 たたいたりこすったり 36

29 カウント５ 37

●コラム１ 　しゃべらなくてもシニアが注目するボクのテクニック① 　お辞儀する 38

Ⅳ 集中力アップ

30 ぐるぐる指回し 39

31 超速指曲げ伸ばし 40

32 終わりのないグーチョキパー 41

33 小指と薬指 42

34 指のストレッチ 43

35 親指と人差し指のキズナ **44**

36 自由なグーチョキパー **45**

37 腕組みチェーンジ！ **46**

38 両手いっしょに〇と× **47**

●コラム2 しゃべらなくてもシニアが注目するボクのテクニック② とりあえず続ける **48**

V リラックス，リフレッシュ

39 レモンの顔とライオンの顔 **49**

40 最高の深呼吸 **50**

41 背中ゴシゴシのポーズ **51**

42 背泳ぎの達人 **52**

43 ワカメ体操 **53**

44 美しすぎるクロール **54**

45 両腕前後回し **55**

VI みちお先生㊙テクニック

46 超グーパー **56**

47 びっくり顔でメッセージ **57**

48 よいお手本ワルいお手本 **58**

49 接近ドキドキ大作戦 **59**

50 目で気づかせる視線の送り方 **60**

おわりに ―ボクの体操がシニアに大人気の秘密― **61**

❶ 1・2・3・パン!!

3歩足ぶみして拍手1回です。頭の上で手をたたくと，全体のムードがぐんと盛り上がります！　運動効果もアップです！

ねらいと**ききめ**　（足腰強化）

すすめかた

① 　明るく元気に足ぶみを3歩します。

② 　そのあと「パン!!」となるべくいい音がするように拍手を1回します。

③ 　（①と②を）楽しんで繰り返してください！

みちお先生の成功の極意！

・「1・2・3・パン！」というリズムでどうぞ！

・「1・2・3」の「3」のときに，手をたたく準備をしましょう！

② いーち・にーい・さーん・ヤー！

スリーカウントしたあとに，元気に拳を振り上げます。朝の体操や，元気を出したいときにおススメです！

ねらいとききめ　腕のストレッチ　握力強化

すすめかた

① 片手を上げて，声を出さずに指で３つかぞえます。
② 元気いっぱいに拳を高く振り上げましょう！

みちお先生の成功の極意！

・本番前に，一度，リハーサルするのもありです！
・全員の動作がバラバラのときは？　それはそれで，楽しいです！

③ イエーイ！ のポーズ

両手の親指を出して決めポーズ。誰にでもかんたんにできて気分上々です！

ねらいとききめ　　指のストレッチ

すすめかた

① マジメな顔で両手をグーにします。
② 両手の親指を出して，片足を持ち上げます。
③ 「イエーイ！」という感じのジェスチャーで，元気に明るくどうぞ！

みちお先生の成功の極意！

・自分の中で一番いい顔でしましょう！
・ボクは何も反応が無かったシニアの目の前に行って，このポーズをします。するとシニアがポーズのお返しをしてくれます！

④ 拍手で開脚

手をたたくと同時に足をひらきます。手と足がいっしょにならないように！

ねらいと**ききめ**　足腰強化　股関節可動域維持
<small>こ かんせつ</small>

すすめかた

① 両手を胸の前でかまえて，足をとじます。

② 手をたたくと同時に，足をひらきます。

③ 手と足が同時に出来たら，大成功です！

④ （①②を）楽しんで繰り返してください！

みちお先生の成功の極意！

・支援者は，①で構えたら一度静止しましょう！　少し間を置くことで，集中力がアップします。

⑤ 最高の手拍子

支援者とシニアがいっしょに手をたたきます！　両手を上げて，頭の上で拍手をするだけで，元気モリモリ，気分は最高です！

ねらいと**ききめ**　　⟨肩の柔軟性維持⟩

すすめかた

① 　支援者とシニアがいっしょに両手を高く上げます。
② 　頭の上で拍手を 10 回します。
③ 　ニッコリ笑って，何度か繰り返しましょう！

みちお先生の成功の極意！

・支援者はオーバーアクションで。楽しんでしましょう！

⑥ モリモリポーズ！

両手をグーにして，ひじを曲げてモリモリポーズをします！
たった3秒で元気が出ます！

ねらいとききめ　（ 胸のストレッチ ）（ 姿勢保持 ）

すすめかた

① 　足を肩幅にひらいて，胸を張ります。
② 　両手を横に伸ばしてグーにして，ひじを直角に曲げます。
③ 　明るく元気に，モリモリポーズしましょう！

みちお先生の成功の極意！

・超がつくぐらいのオーバーアクションでどうぞ！
・ボクは，ちょっとしたあいさつのかわりにモリモリします。シニアも笑
　顔でモリモリ返してくれます！

❶ 超大あくび

思いっきり大きな口をあけてあくびしちゃいましょう！ 顔も体も心もほぐれて，気分スッキリです！

ねらいとききめ 〔顔や口の体操〕

すすめかた

① 腕と肩の力を抜いてリラックスします。
② もうこれ以上あけられないくらいに口を大きくあけます。
③ 思いっきりあくびをしちゃいましょう！

みちお先生の成功の極意！

・支援者が，オーバーアクションですると，シニアも楽しんでマネしてくれます！
・両手をグーにしたり，伸びをしたり，身振り手振りをつけると最高です！

⑧ たたいちゃダメよ～

声を出さない一本締めです。手をたたくフリをして……たたきません。誰かが手をたたくことで，笑いになります。

ねらいと**ききめ**　（手先の器用さ維持）

すすめかた

① 　支援者は一本締めをするように手をたたく構えをします。
② 　手をたたくフリをして，ギリギリのところで手を止めちゃいしょう！

ピタッ

みちお先生の成功の極意！

・「よーっ，パチン！」の流れを声を出さずにする感じです。いかにも手をたたきそうな感じでするのがポイントです！

⑨ パン・ポン・タッチ！

手をたたく→ひざをたたく→エアハイタッチの動作の繰り返しです。
実際に手と手がふれなくても，シニアによろこんでもらえます！

ねらいとききめ　　(血行促進)

すすめかた

① 　手を１回たたきます。

② 　ひざを１回たたきます。

③ 　支援者がシニアとハイタッチのマネをします。

④ 　自分の中で一番の笑顔で繰り返してください！

みちお先生の成功の極意！

・支援者は，ランダムに相手を変えると，より多くのシニアによろこんで
　もらえます！

⑩ びっくり顔でグーパー

パーのときに驚いた表情をするグーパーです。手指だけでなく，顔の筋肉を動かす練習にもなります！

ねらいとききめ （手先の器用さ維持）（豊かな表情づくり）

すすめかた

① マジメな顔で，両手をグーにします。
② びっくり顔で，両手をパーにします。
③ 交互に繰り返してください！

みちお先生の成功の極意！

・びっくり顔は，眉を上げて，目を大きく見開いてしましょう！
・支援者がノリノリですれば，シニアもノリノリでマネしてくれます！

⑪ 変顔で肩体操

表情を使って行う肩の体操です。肩を下げたときに，おもいきって変な顔をしちゃいましょう！　自然に力も抜けて効果抜群です！

ねらいとききめ　　（肩こり予防）（豊かな表情づくり）

すすめかた

①　両腕を下に伸ばして，腕と肩の力を抜いてリラックスします。

②　両肩を上に持ちあげて，ストーンと一気に落とします。

③　このときに，できるかぎり鼻の下を長〜く伸ばしましょう！

④　楽しんで繰り返してください！

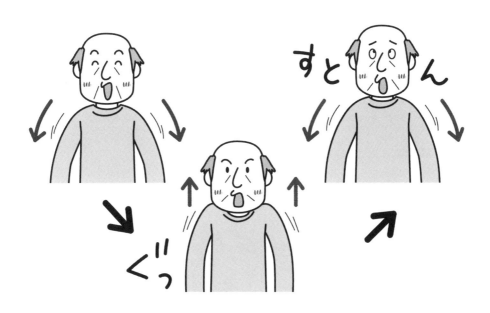

みちお先生の成功の極意！

・鼻の下を伸ばしたときに，白目になるぐらいに上目づかいにします。

・この顔を，シニアの目の前ですると，された人は大笑いです。

⑫ グーパーで花束贈呈

パーのときに手のひらを上にするグーパーです。まるで花束を贈呈するかのごとくすると，シニアは大感激です！

ねらいとききめ　（腕のストレッチ）　（手先の器用さ維持）

すすめかた

① 支援者はシニアといっしょにグーパーをします。

② グーは胸の前で，パーは両腕を前に伸ばして，手のひらを上にします。「どうぞっ！」と花束を贈呈する感じでします。

③ 支援者は自分の中で一番の笑顔でどうぞ！

みちお先生の成功の極意！

・支援者はシニアの目の前ですると効果絶大です！

・ちなみにボクは，パーのときに，片ひざをついて敬意を表します（笑）。

⑬ 握手でエアハイタッチ！

握手を繰り返してからのエアハイタッチをします。うまくできるとうれしくなります！

ねらいとききめ　(手首の柔軟性維持)(血行促進)

すすめかた

①　支援者はシニアと右手で２回握手をするマネをします。

②　同様に，左手で２回，右手で１回，左手で１回の順にします。

③　最後にハイタッチのマネをして，ニッコリ笑ってください！

右手で２回，左手で２回
右手で１回，左手で１回

みちお先生の成功の極意！

・「いち・に，いち・に，いち，いち，タッチ！」，このリズムでどうぞ！

⑭ 百面相ゲーム

いろんな感情を顔で表現します。これをするとシニアの表情がグンと豊かになります！

ねらいとききめ　　（表情筋強化）

すすめかた

① はじめにマジメな顔をします。

② 次に，自分の中で一番うれしい顔をします。

③ 同様に，驚いた顔，泣いた顔，怒った顔をしましょう！

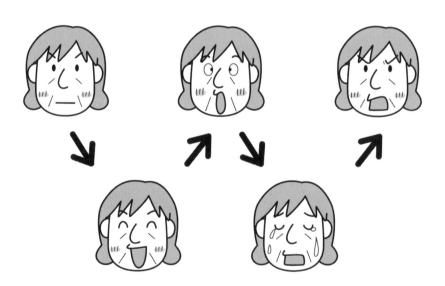

みちお先生の成功の極意！

・①のときに，支援者は，「顔マネをしてください」と言ってもオッケーです！

22

15 ひらくはずがひらきません

両足をとじたりひらいたりした後，ひらくフリをします。

ねらいとききめ　（足腰強化）（股関節可動域維持）

すすめかた

① 両足をひらいたりとじたりする動作を，何度か繰り返します！

② そのあとで，両足をひらくフリをして……（とじたまま）ひらきません。

③ 両足をひらいてしまったシニアは？　笑っちゃいます！

ひらく
フリ！

みちお先生の成功の極意！

・転倒予防のため，シニアも支援者もイスに腰掛けてしましょう！

⑯ バンザイ二唱 ?!

バンザイを 3 回するフリをして，2 回でやめちゃいます！　思わず笑ってしまい，肩や背中もほぐれます！

ねらいとききめ　（肩の柔軟性維持）（腕のストレッチ）

すすめかた

① 　支援者とシニアいっしょに明るく元気にバンザイします。
② 　支援者は，バンザイを 2 回したあと，3 回目をするフリをして，いきなりやめちゃいましょう！

バンザイ！　バンザイ！

ピタッ

！

みちお先生の成功の極意！

・最初の 2 回を，支援者がオーバーアクションで動作するのがポイントです！

⑰ 闘牛でゴー！

両手の人差し指を頭にのせて牛のマネをします。シニアはこんな
くだらないことは……，よろこんでやってくれます！

ねらいとききめ （指のストレッチ）

すすめかた

① マジメな顔で両手をグーにします。

② 両手の人差し指をできる限りまっすぐに伸ばします。

③ その人差し指をゆっくりと動かして……牛の角のように頭の上にのせます。

④ ニッコリ笑って，どうぞ！

みちお先生の成功の極意！

・マジメにくだらないことをするのがポイントです。シニアはよろこんで
マネしてくれます！

・ちなみにボクは，闘牛のマネをしてシニアに突撃します。シニアも応戦
してくれます（笑）。

⑱ グーチョキパーのはずが グーチョキグー

グーチョキパーのフリして……，グーチョキグーにしちゃいましょう！

ねらいとききめ （手先の器用さ維持）

すすめかた

① 支援者はシニアといっしょにグーチョキパーをします。

② ゆっくりとていねいに何度か繰り返します。

③ そのあとで，グーチョキパーのフリして，いきなりグーチョキグーに変えちゃいましょう！（パーのところをグーにする）

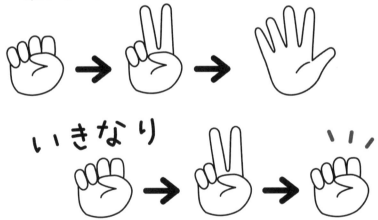

みちお先生の成功の極意！

・③のグーチョキグーのところで，一度動きを止めましょう！ パーを出した人が違いに気づきます。ココが笑いになります。

26

⑲ エイ・エイ・エイ・オー!?

エイ・エイ・オー!　のはずが，エイが1回多いんです！　拳を
振り上げてしまったら，笑って下ろします！

ねらいとききめ　　（握力強化）

すすめかた

① 　片手を腰に，反対の手をグーにして構えます。

② 　声を出さずに「エイ・エイ・オー！」の動作だけをします。

③ 　オーのところで，もう一度「エイ」。「エイ・エイ・エイ」の後に，
「オー！」をしましょう。

みちお先生の成功の極意！

・明るく元気にオーバーアクションでしましょう！

⑳ ものマネ四股ふみ

おすもうさんのように四股をふむまねをします。足を上げるところ
で……上げません。楽しく足腰の強化ができます！

ねらいとききめ 　足裏刺激 　股関節可動域維持

すすめかた

① 両足を肩幅より広くひらいて両手をひざに置きます。
② おすもうさんが四股をふむように，片足を持ち上げてドン！ とおろし
  ます。
③ 両足を交互に何度か繰り返します。
④ そのあとで，足を上げると思わせて……上げません。

ピタッ　ドン

みちお先生の成功の極意！

・④のときに，誰かの足音がしたら，支援者は「あれっ？」って顔でその
  方向を見てください！ ウケます！

㉑ いきなりかかしに　なっちゃうグーパー

パーでかかしになるグーパーです。予想外の展開を楽しんでください！

ねらいとききめ　（バランス感覚維持）

すすめかた

① 支援者はシニアといっしょにグーパーをします。

② グーはふつうにやりますが，パーでいきなりかかしのポーズ（片足立ちで両手を横に広げる）をしちゃいます（笑）！

③ ふつうのグーパーとかかしのグーパーをランダムに繰り返しましょう！

みちお先生の成功の極意！

・シニアはイスに腰掛けてしましょう！

㉒ グーとチョキの瞬間移動

グーとチョキを左右交互に出します。間違えたら？　笑ってください！

ねらいとききめ　（手先の器用さ維持）

すすめかた

① はじめに，右手はグー，左手はチョキにします。
② 次に，右手はチョキ，左手はグーにします。
③ （①と②を）楽しんで繰り返してください！

左右交互に
繰り返し

みちお先生の成功の極意！

・一つひとつの動作を，超ゆっくり，超ていねいにしましょう！
・慣れてきたら，徐々にテンポアップしましょう！

㉓ 薬指から1・2・3

薬指からスリーカウントします。ふだんあまり動かさない指を動かすことで刺激になります！

ねらいとききめ　（指のストレッチ）

すすめかた

①　片手を前に出して，薬指を伸ばします。

②　（薬指を戻して）親指と人差し指を伸ばします。

③　（親指と人差し指を戻して）小指と薬指と中指を伸ばします。

④　（①②③）を，楽しんで繰り返してください！

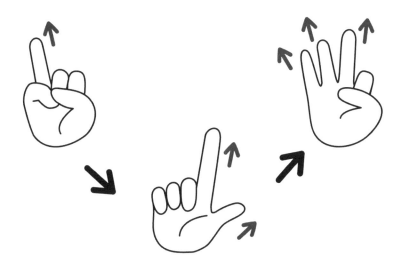

みちお先生の成功の極意！

・なるべくまっすぐに指を伸ばすように意識しましょう！

・余裕があれば，反対の手もトライしましょう！

㉔ 笑顔の人差し指ストレッチ

両手の人差し指をストレッチ。そのままほっぺにつけたら？　笑顔になります！

ねらいとききめ　　（手先の器用さ維持）

すすめかた

① 両腕を前に伸ばして，両手の人差し指を伸ばしましょう！

② 超スローモーションで，両手の人差し指をゆっくりと顔に近づけていきます。

③ 人差し指をほっぺにくっつけます。自分の中で一番の笑顔でどうぞ！

みちお先生の成功の極意！

・①のときはマジメな顔で。マジメな顔と笑顔。このギャップが大きいと楽しいです！

㉕ 逆指折り

グーは小指から伸ばす，パーは親指から曲げる，これを両手同時にします。頭をよく使う体操です！

ねらいとききめ （指のストレッチ）

すすめかた

① 片手はグー，反対の手はパーにします。

② グーは，小指，薬指，中指，人差し指，親指の順に伸ばします。

③ パーは，親指，人差し指，中指，薬指，小指の順に曲げます。

④ （②と③を）両手同時に，どうぞ！

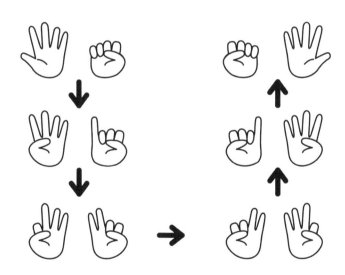

みちお先生の成功の極意！

・あまり急いで動かさないように。超スローモーションで，超ていねいに。

㉖ うさぎの耳ときつねの耳

片手は人差し指と小指を，反対の手は中指と薬指を伸ばします。
意外とかんたんですが，油断すると間違えます。

ねらいとききめ　（手先の器用さ維持）

すすめかた

① 両手をグーにします。

② 右手の中指と薬指を伸ばします。（うさぎの耳）

③ 左手の人差し指と小指を伸ばします。（きつねの耳）

④ これ（②と③）が出来たら，左右の手を入れ替えましょう！（右手を
きつねの耳に，左手をうさぎの耳に）

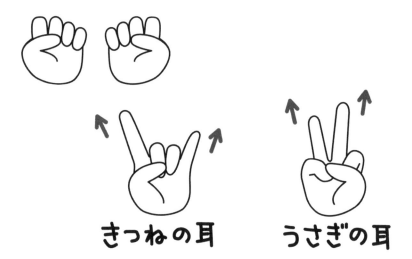

きつねの耳　　　うさぎの耳

みちお先生の成功の極意！

・むずかしそうなら，③で終わってもオッケーです！

㉗ グーグーパーパー・グーパーパー

グーパーを徐々に複雑にしていきます。段々覚えていくことで，
「できた！」という達成感が得られます！

ねらいとききめ 〔手先の器用さ維持〕

すすめかた

① 支援者はシニアといっしょにグーパーをします。

② そのあとに，グーパーパーをします。

③ 最後に，グーグーパーパー・グーパーパーにトライしましょう！

みちお先生の成功の極意！

・それぞれ４，５回ずつしましょう！　繰り返して覚えることで　記憶力
　を養います。

㉘ たたいたりこすったり

ももをグーでたたいて，パーでこすります。両手同時にすると，なんだか妙な動きになります！

ねらいとききめ （血行促進）

すすめかた

① 片手をグー，反対の手をパーにします。
② グーで，ももをトントンたたきます。
③ パーで，ももをスリスリこすります。
④ （②と③を）両手同時に，どうぞっ！

みちお先生の成功の極意！

・余裕があれば，手を入れ替えてトライしましょう！（グーの手をパーに，パーの手をグーに）

㉙ カウント5

指を1本，2本，3本，4本，5本と伸ばし，そこから，4本，3本，2本，1本と曲げていきます。行きはかんたん帰りはむずかしい！

ねらいと**ききめ**　（手先の器用さ維持）

すすめかた

① 片手をグーにして，人差し指から，中指，薬指，小指，親指の順に伸ばします。

② （①と反対の順に）親指から，小指，薬指，中指，人差し指の順に曲げます。

③ 間違えても気にせず，楽しんで繰り返してください！

みちお先生の成功の極意！

・②がむずかしいです。むずかしいことを楽しんでできる雰囲気づくりをしましょう！

・余裕があれば，反対の手でもどうぞ！

しゃべらなくてもシニアが注目するボクのテクニック①
お辞儀する

「身振り手振りだけの説明なんて無理です」

そう思う人もいると思います。
では，ボクが実際に現場でどうしているのか？
ご参考までにお話しします。

ボクが一番最初にするのが，お辞儀です。
まず，全員の前に立って，お辞儀をします。
すると，シニアもお辞儀してくれます。
これで，「（ボクを）見ている」ことと「マネしてくれる」ことが確認できます。

お辞儀は，なるべくよい姿勢ですることを心がけます。

ボクが足をとじれば，シニアも足をとじます。
ボクが背筋をピンと伸ばせば，シニアも背筋をピンと伸ばします。
そして，両手をひざに置いて，ゆっくりとていねいにお辞儀をします。

じつはこれ。**もうすでに，しゃべらない体操になってるのです。**

ちなみに，居眠りをしている人がいたら？
ボクは，その人の目の前まで行って，お辞儀をします。
まわりの人に居眠りがバレて，笑いになります。
口をあけて寝ていたら，もう大爆笑です。

お辞儀で注目を集めたあとは，何をしてもオッケーです。
手をたたいたり，足ぶみしたり，グーパーしたり……。

ボクにとってお辞儀は，シニアの注目を集めるきっかけづくりです。

㉚ ぐるぐる指回し

両手の指先を合わせて，指同士を回します。親指はかんたん，最難関は薬指！

ねらいとききめ （手先の器用さ維持）

すすめかた

① 合掌して，両手の指先をつけたままで手のひらを離します。
② ほかの指先は離さずに，両手の親指同士をぐるぐる回します。
③ 同様に，小指，人差し指，中指，薬指の順にしましょう！

同様に 小指，人差し指，中指，薬指の順に

みちお先生の成功の極意！

・最初を親指にして最後を薬指にするのがポイントです。
・うまくできなくても，楽しんで続けましょう！

㉛ 超速指曲げ伸ばし

両手の指を順に曲げたり伸ばしたりします。ゆっくりからはじめて徐々
にスピードアップ，超速ですると，指の動きがめちゃくちゃになります！

ねらいとききめ 　 〔手先の器用さ維持〕

すすめかた

① 　両手をパーにして，親指から小指まで一本ずつ順に指を曲げます。

② 　小指から親指まで一本ずつ順に指を伸ばします。

③ 　（②と③を）ゆっくり→速く→より速く→さらに速く，とスピードアップ
します。

④ 　最後に，目にもとまらぬ超速でどうぞ！

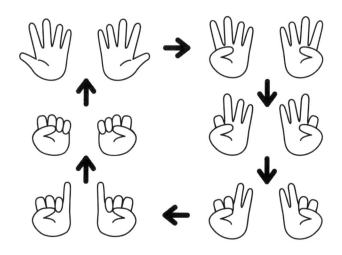

みちお先生の成功の極意！

・④のときに，わざと指の動きをめちゃくちゃにします。ちなみに，ボク
の場合は，ほぼグーパーです（笑）。

32 終わりのないグーチョキパー

左右交互にグーチョキパーを出します。夢中になると……終わりません！

ねらいとききめ 記憶力アップ 手先の器用さ維持

すすめかた

① 右手をグーにします
② 左手をチョキにします。
③ 右手をパーにします。
④ 左手をグーにします。
⑤ 右手をチョキにします。
⑥ 左手をパーにします。（①に戻る）

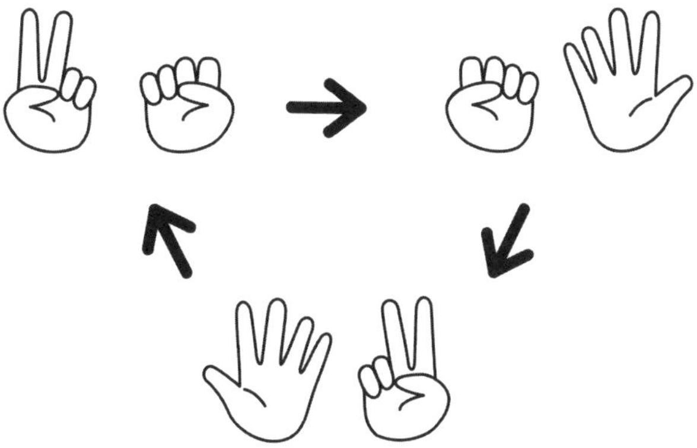

みちお先生の成功の極意！

はじめは，超スローモーションで。慣れたら徐々にテンポアップして！

33 小指と薬指

小指と薬指を交互に伸ばします。薬指が伸びなくて笑えます！

ねらいとききめ　指のストレッチ

すすめかた

① 両手をグーにします。
② できる限りまっすぐに，小指を伸ばします。
③ 元に戻して，薬指も同様にします。
④ 楽しんで繰り返してください！

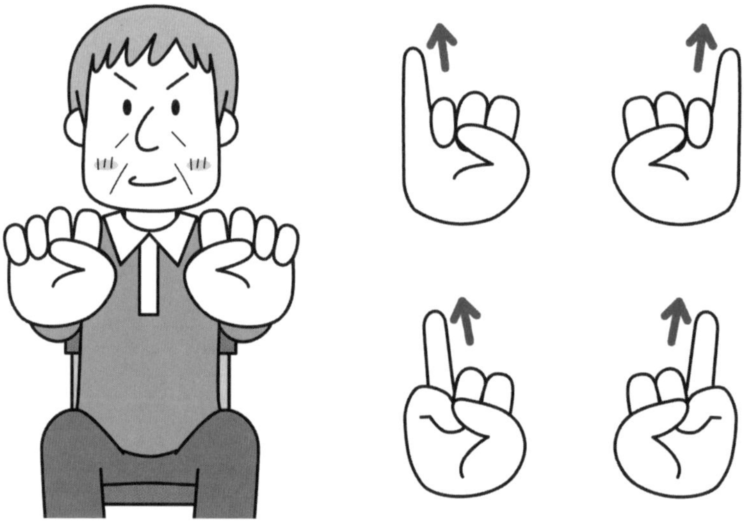

みちお先生の成功の極意！

・親指で薬指以外の指を押さえるのが，薬指を伸ばすコツです！

㉞ 指のストレッチ

指を1本ずつ伸ばします。なぜか薬指のところで苦笑いしちゃいます！

ねらいとききめ 〔手先の器用さ維持〕

すすめかた

① 人差し指をできる限りまっすぐに伸ばします。

② 人差し指を戻します。

③ 同様に，親指，小指，中指，薬指の順に伸ばします。

④ 反対の手も，楽しんでどうぞ！

みちお先生の成功の極意！

・うまく伸びないときは？　気にせずに，次にいきましょう！

㉟ 親指と人差し指のキズナ

片方の手は人差し指，もう片方の手は親指を伸ばします。この動作を交互にしましょう！

ねらいとききめ　（指のストレッチ）

すすめかた

①　両手をグーにします。
②　右手は人差し指，左手は親指を伸ばします。
③　両手をグーにします。
④　右手は親指，左手は人差し指を伸ばします。
⑤　（①～④を）楽しんで繰り返してください！

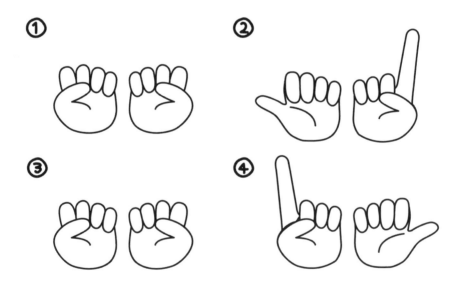

みちお先生の成功の極意！

・①と③を省略すると，レベルアップします！

㊱ 自由なグーチョキパー

グーチョキパーの組み合わせを次々に変えていきます。はじめはできなくても，繰り返しているうちにできて，うれしくなります！

ねらいとききめ 〔手先の器用さ維持〕

すすめかた

① 支援者はシニアとグーチョキパーを4回します。

② パーチョキグー，チョキグーパーをそれぞれ4回します。

③ 慣れたら，①～②をランダムに繰り返しましょう！

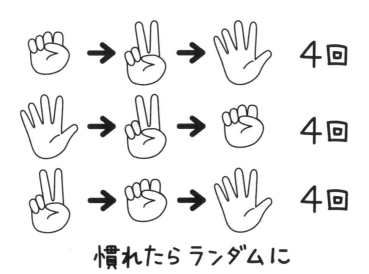

慣れたらランダムに

みちお先生の成功の極意！

・それぞれを4回ずつするとよいリズムでできます。

・間違えてもオッケー。気にせずに楽しんでしましょう！

㊲ 腕組みチェーンジ！

腕組みした腕を反対に組み替えます。途中で頭が混乱するのを楽しんでください！

ねらいとききめ　（姿勢保持）

すすめかた

① 胸を張って腕組みをします。

② その腕をほどいて，（①と腕が反対になるように）腕を組み替えます。

③ （①と②を）楽しんで繰り返してください！

みちお先生の成功の極意！

・腕組みするときは，片手が隠れて，反対の手は見えるようにします。
（両手が見えたり，両手が隠れたりしないように）

㊳ 両手いっしょに○と×

片手は○，反対の手は×を両手同時に描きます。思い通りにならない自分の手に思わず笑っちゃいます！

ねらいとききめ　　（肩の柔軟性維持）

すすめかた

① 片手（人差し指）で，空中に大きな○を描きます。

② 反対の手で，×を描きます。

③ これ（①と②）を両手同時にしましょう！

みちお先生の成功の極意！

・指（腕）を大きく動かすとかんたんです！

しゃべらなくてもシニアが注目するボクのテクニック②
とりあえず続ける

「もしも，こちらのジェスチャーに，シニアの反応がなかったら？」

心配ありません。
いい方法があります。
それは，とりあえず続けてみることです。

先日，こんなことがありました。
ボクは，両腕を交互に前に伸ばして，クロールで泳ぐマネをしました。

突然のクロールに，シニアの反応は，「……」。

そこで，どうしたかというと？
とりあえず，そのまま続けました。

すると……，**誰かがボクのマネをはじめたのです。**
誰かひとりがすれば，我も我もとなります。
2人，3人……と徐々に増えていったのです。

おまけに，溺れるように犬かきのマネをしたら，シニアに大ウケでした。

しゃべらないで体操をしていると，シニアから反応がないことがあります。
でも，体は動いていなくても，頭の中は動いています。

そう思って，とりあえず続けてみてください！

㉟ レモンの顔とライオンの顔

酸っぱい顔とライオンの顔を交互に繰り返します。顔の筋肉がほぐれて，すぐに笑顔になります！

ねらいとききめ　　**顔と口の体操**

すすめかた

① 顔中の筋肉を鼻に寄せるつもりで，レモンを食べたような酸っぱい顔をします。

② ライオンが吠えているように，これ以上あけられないくらいに大きな口をあけます。

③ ①と②を楽しんで繰り返してください！

みちお先生の成功の極意！

・大げさすぎるぐらいのオーバーアクションでどうぞ！

49

㊵ 最高の深呼吸

オーバーアクションで鼻から吸って口からはきます。これで気持ちよさ倍増です！

ねらいとききめ　（血行促進）

すすめかた

① 腕と肩の力を抜いてリラックスします。

② 鼻から息をスーっと吸いこみます。

③ 口から息をフ～とはき出します。

④ 「超気持ちいい～！」という表情で，繰り返してください！

みちお先生の成功の極意！

・表情が重要です。支援者の気持ちのよい表情がシニアを気持ちよくします！

㊶ 背中ゴシゴシのポーズ

背中で上と下から手を近づけます。手と手が届いたら？　20代の若さです。

ねらいとききめ　　（肩の柔軟性維持）

すすめかた

① 腕と肩の力を抜いてリラックスしましょう！
② 片手は上から，反対の手は下から，背中で上と下から手を近づけます。
③ どこまで近づくか？　楽しんでトライしましょう！

みちお先生の成功の極意！

・無理は禁物ですが，「むずかしいことでも楽しんでできる」雰囲気づくりを！

㊷ 背泳ぎの達人

背泳ぎで泳ぐマネをします。誰にでもかっこよくできて，肩こり予防にもおススメです！

ねらいとききめ　腕のストレッチ　肩の柔軟性維持

すすめかた

① 背泳ぎで泳ぐようにして，片腕を前から上に伸ばします。

② 手のひらを外に向けて，横から腕を下ろします。

③ この動き（①と②）を，左右交互に繰り返します。

④ 背泳ぎのスペシャリストになったつもりでどうぞ！

みちお先生の成功の極意！

・自分の中で一番いい顔をしてしましょう！

㊸ ワカメ体操

ワカメのようにフニャフニャする体操です。何人かでいっしょにすれば，恥ずかしさも一瞬で吹き飛びます。

ねらいと**ききめ**　（柔軟性維持）

すすめかた

① 肩や腕の力を抜いてリラックスします。
② あごの力を抜いて，口をぽかーんと半開きにして，「脳みそがどこかに吹き飛んでしまった」ような顔をします。
③ ワカメになったように，上体をフニャフニャと左右にゆすりましょう！

みちお先生の成功の極意！

・全員でいっしょにやってしまえば，恥ずかしさも吹き飛びます！

㊹ 美しすぎるクロール

クロールで泳ぐマネをします。シニアはおもしろがってマネして
くれます！

ねらいとききめ 〔肩の柔軟性維持〕

すすめかた

① クロールで泳ぐように，なるべく遠くに片腕を伸ばして引き寄せます。
② この動きを，左右交互に繰り返します。
③ 気持ちよく泳いでいる気分でどうぞ！

みちお先生の成功の極意！

・①のときに，手のひらを外に向けるように，親指を下にして腕を伸ばし
　ます。腕がきれいに伸びて美しいクロールの泳ぎになります！

㊺ 両腕前後回し

腕の前回しと後ろ回しを同時にします。遊び感覚で，楽しんで体を動かせます！

ねらいとききめ 　(肩の柔軟性維持)

すすめかた

① 　片腕を前から後ろへ回します。

② 　反対の腕は，後ろから前へ回します。

③ 　（①と②を）両腕同時にどうぞ！

みちお先生の成功の極意！

・なるべく大きく，ゆっくりとていねいに動かしましょう！

㊻ 超グーパー

リズムと強弱を変えてグーパーします。これをすると，グーパーの
アレンジが無限になります！

ねらいとききめ　(握力強化)　(手先の器用さ維持)

すすめかた

①　グーパーを強く４回，弱く４回します。

②　グーパーをゆっくり４回，速く４回します。

③　強く，弱く，ゆっくり，速くをランダムにします。

④　楽しんで繰り返してください！

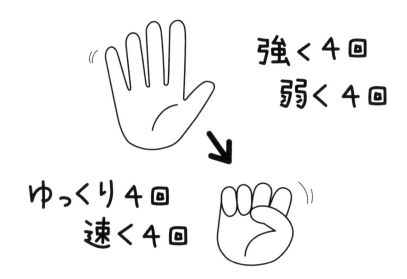

強く４回
弱く４回

ゆっくり４回
速く４回

みちお先生の成功の極意！

・「強そうに」とか「弱そうに」など，顔や身振り手振りで表現すると，
効果絶大です！

47 びっくり顔でメッセージ

びっくりした顔は，「すごいですね！」「感心しました！」といった，相手を立てるメッセージになります！

ねらいとききめ　（意欲増進）

すすめかた

① たとえば，グーパーのとき。明るく元気にグーパーをしてるシニアがいたら，支援者は「すごい！」と驚いていることを伝えるリアクションをします。
② こうすることで，ご本人もうれしくなってより元気が出ます。
③ さらに，まわりの人も刺激されて，やる気がアップします！

みちお先生の成功の極意！

・はじめに支援者が，元気に明るく動作するのが最大のポイントです！
・驚きのリアクションは，わざとらしすぎるぐらいのオーバーアクションでどうぞ！

㊽ よいお手本ワルいお手本

よいお手本のあとに，ワルいお手本を見せます。わざとカッコ悪く見せることで，楽しくて，わかりやすくなります！

ねらいとききめ （理解力アップ）

すすめかた

① たとえば，支援者は背筋をピンと伸ばしてよい姿勢をします。
② そのあと，腰をくの字に曲げたり，ひざを曲げたり，おしりを突き出したりして，ワルいお手本を見せます。
③ カッコワルいお手本を見ると……，笑っちゃいます！

よい
お手本

ワルい
お手本

みちお先生の成功の極意！

・よいお手本は笑顔で，ワルいお手本はかなしそうな顔で。動作に表情を加えると効果絶大です！

㊾ 接近ドキドキ大作戦

支援者がシニアに近づくだけで，シニアはドキドキしたり，元気が出ます！　居眠り予防にもなります（笑）！

ねらいとききめ　　　刺激アップ

すすめかた

①　たとえば足ぶみのとき。支援者は足ぶみしながらシニアに近づいていきます。

②　そのままシニアの横でいっしょに足ぶみしましょう！

③　支援者がそばにいるだけで，シニアは元気が出ます！

みちお先生の成功の極意！

・気力，意欲，集中力が低下気味のシニアに超おススメです！

㊿ 目で気づかせる視線の送り方

シニアが間違っていたときに，支援者の視線で気づいてもらえます。
言葉で言わなくても伝わります！

ねらいとききめ 〔反応力アップ〕

すすめかた

① たとえば，片手は人差し指，反対の手は中指を伸ばします。

② これをすると，なかには両方人差し指だと勘違いする人がいます。

③ 間違えている人がいたら，支援者は，「あれ～？」という顔をしてみましょう！

④ シニアが間違えに気づいたら，「スゴイ！」の驚きの顔をどうぞ！

みちお先生の成功の極意！

・間違えに気づかない場合は？　無理に気づかせなくてもオッケーです。
　スルーして次にいきましょう！

おわりに

ボクの体操がシニアに大人気の秘密

「みちお先生の体操は，放送するだけで人が集まります」

ある介護現場で，そう言われたことがあります。
ほかの活動は，スタッフの方が，「参加してください！」と声を掛けている
というのです。「そうしないと人が集まらない」のだとか。
なかには，「先生に申し訳ないから」という理由で，半ば無理矢理に勧誘
するケースも!?

話を聞くうちに，人気のない先生の共通点がわかってきました。

① 話が長い　説明が多い
② 教えたがる　教えすぎる
③ 雑談が長い　関係のない話が多い

つまり，しゃべりすぎだったんです！

そして，ボクの体操になぜ人が集まるのか？
ふとあることに気づいたのです。

しゃべってない！

しゃべらないから，説明が簡潔です。（長々と説明しない）
しゃべらないから，雑談できません。
しゃべらないから，教えすぎることもありません。

こんなメリットがあったなんて気づきもしませんでした。
「しゃべらないでやろう」と思ったのは，あくまで感染予防がきっかけです。
それが，いざやってみたら……。

シニアの集中力がアップする。
シニアの満足度が向上する。
シニアと支援者に一体感が得られる。
支援者の表現力が身につく。
支援者の負担が軽くなる。
支援者のレクスキルが超上達する。

それに加えて，簡潔な説明，雑談なし，教えすぎない。
メリット満載だったわけです。

ということで，
「シニアが集まるような活動をするにはどうしたらいいか？」
ボクのこたえは，もちろんこうです。

しゃべらないでやってください！

　令和３年５月

　　　　　　　ムーブメントクリエイター　斎藤道雄

著者紹介

●斎藤道雄

体操講師，ムーヴメントクリエイター。

クオリティ・オブ・ライフ・ラボラトリー主宰。

自立から要介護シニアまでを対象とした体操支援のプロ・インストラクター。

体力，気力が低下しがちな要介護シニアにこそ，集団運動のプロ・インストラクターが必要と考え，運動の専門家を数多くの施設へ派遣。

「お年寄りのふだん見られない笑顔が見られて感動した」など，シニアご本人だけでなく，現場スタッフからも高い評価を得ている。

[お請けしている仕事]
○体操教師派遣（介護施設，幼稚園ほか）　○講演　○研修会　○人材育成　○執筆

[体操支援・おもな依頼先]
○養護老人ホーム長安寮
○有料老人ホーム敬老園（八千代台，東船橋，浜野）
○淑徳共生苑（特別養護老人ホーム，デイサービス）ほか

[講演・人材育成・おもな依頼先]
○世田谷区社会福祉事業団
○セントケア・ホールディングス（株）
○（株）オンアンドオン（リハビリ・デイたんぽぽ）ほか

[おもな著書]
○『しゃべらなくても楽しい！　シニアの筋力アップ体操50』
○『しゃべらなくても楽しい！　シニアの座ってできる健康体操50』
○『しゃべらなくても楽しい！　1,2分でできるやさしい特養体操50』
○『しゃべらなくても楽しい！　シニアの心身機能アップ体操50』
○『しゃべらなくても楽しい！　シニアの1,2分間認知症予防体操50』
○『一人でもできるシニアのかんたん虚弱予防体操50』
○『シニアの1,2分間運動不足解消体操50』
○『シニアの爆笑あてっこ・まねっこジェスチャー体操』
○『新装版　要支援・要介護の人もいっしょに楽しめるゲーム＆体操』
○『新装版　虚弱なシニアでもできる楽しいアクティビティ32』
○『少人数で盛り上がるシニアの1,2分体操＆ゲーム50』
○『椅子に腰かけたままでできるシニアのための脳トレ体操＆ストレッチ体操』（以上，黎明書房）

[お問い合わせ]
ホームページ「要介護高齢者のための体操講師派遣」：http://qollab.online/
ブログ「みちお先生のお笑い介護予防体操！」：http://qollab.seesaa.net/
メール：qollab.saitoh@gmail.com
＊イラスト・さややん。

しゃべらなくても楽しい！　シニアの超盛り上がるレク体操50

2021年9月20日　初版発行

著　者	斎　藤　道　雄	
発行者	武　馬　久仁裕	
印　刷	藤原印刷株式会社	
製　本	協栄製本工業株式会社	

発　行　所　　　　株式会社　黎明書房

〒460-0002　名古屋市中区丸の内3-6-27　EBSビル　☎ 052-962-3045
FAX 052-951-9065　振替・00880-1-59001
〒101-0047　東京連絡所・千代田区内神田1-4-9　松苗ビル4階
☎ 03-3268-3470

落丁本・乱丁本はお取替します。　　　　　ISBN978-4-654-07690-1

Ⓒ M. Saito 2021, Printed in Japan

しゃべらなくても楽しい！　シニアの筋力アップ体操 50 斎藤道雄著　　　　B5・63頁　1700円	感染予防しながら楽しく筋トレ！　座ったまま，支援者の身振り手振りをマネするだけで，安心・安全に運動できます。「天使のはね」など，シニアの方お一人でもできる体操ばかりです。2色刷。
しゃべらなくても楽しい！　シニアの座ってできる健康体操 50 斎藤道雄著　　　　B5・63頁　1700円	感染予防対策と楽しさを両立した，「しゃべらないでする健康体操」50種を紹介。「ばんざいジャンケン体操」などの楽しい体操で，座ったまま，声を出さずに誰でも効果的に運動できます。2色刷。
しゃべらなくても楽しい！　1，2分でできるやさしい特養体操 50 斎藤道雄著　　　　B5・63頁　1700円	「ひざ太鼓」「両ひざアップダウン」など，支援者のジェスチャーをマネするだけで出来る，特養でも楽しめる体操50種を紹介。座ったまま，誰でも簡単に出来るやさしい体操ブックです。2色刷。
しゃべらなくても楽しい！　シニアの心身機能アップ体操 50 斎藤道雄著　　　　B5・63頁　1700円	ウィズコロナ時代のシニアと支援者が安心して取り組める，「しゃべらないでする」体操を紹介。「ものまねお手玉」など，座ったまま身振り手振りで伝わる体操で，楽しく安全に運動できます。2色刷。
しゃべらなくても楽しい！　シニアの1，2分間認知症予防体操 50 斎藤道雄著　　　　B5・63頁　1700円	声を出さず，支援者の身振り手振りを真似するだけで出来る，ウィズコロナ時代の新しいスタイルの体操50種を収録。椅子に座ったまま，お一人でも楽しく運動できます。2色刷。
一人でもできるシニアのかんたん虚弱予防体操 50 斎藤道雄著　　　　B5・63頁　1700円	「あべこべ腕回し」など，一人～少人数で出来る，コロナ時代に対応した体操50種を紹介。体を動かすのが苦手な人も，椅子に座ったまま楽しく虚弱予防！　支援者のためのアドバイス付き。2色刷。
シニアの1，2分間運動不足解消体操 50 斎藤道雄著　　　　B5・63頁　1650円	椅子に腰かけたまま出来る，シニアの運動不足解消に役立つ体操50種を収録。「簡単。なのに，楽しい！」体操で，誰でも飽きずに運動できます。支援者のためのアドバイス付き。2色刷。
シニアの爆笑あてっこ・まねっこジェスチャー体操 斎藤道雄著　　　　B5・63頁　1650円	簡単，短時間，準備不要！　そんな，三拍子そろった，スタッフもシニアも笑顔になれるジェスチャー体操50種を公開。1人で出来る体操から元気に体を動かす体操まで，様々な場面で活用できます。2色刷。
椅子に座ってできるシニアの1，2分間筋トレ×脳トレ体操 51 斎藤道雄著　　　　B5・64頁　1650円	右手と左手で違う動きを同時にしたり，口で「パー」と言いながら手は「グー」を出したり……，筋トレと脳トレがいっしょにできる体操を51種紹介。2色刷。

表示価格は本体価格です。別途消費税がかかります。

■ホームページでは，新刊案内など，小社刊行物の詳細な情報を提供しております。「総合目録」もダウンロードできます。
http://www.reimei-shobo.com/